CW01665325

Mark,

Thank you for all your support. Look forward to seeing you soon.

[signature]

YAYINA HAZIRLAYAN
EDITOR
GÖLNUR CENGİZ

FOTOĞRAFLAR
PHOTOS
CHARLES EMIR RICHARDS

YAZILAR
TEXTS
ECE ESMER

KİTAP TASARIM
BOOK DESIGN
ALİ GÜREVİN

ÇEVİRİ
TRANSLATION
CEYDA TORUN

PHOTOSHOP
GÖRKEM ERGUN

BASKI
PRINTED BY
A4 OFSET MATBAACILIK SAN. VE TİC. LTD. ŞTİ.
OTOSANAYİ SİTESİ, YEŞİLCE MAH. DONANMA SOK.
NO. 16 SEYRANTEPE 34418 KAĞITHANE - İSTANBUL
TEL. 0212 281 64 48 SERTİFİKA NO: 12168

YAYINCI
PUBLISHED BY
FOTOGRAFEVİ YAYINLARI
BÜLBÜL MAH. PAŞABAKKAL SOK. ESKİ ANTİKACILAR ÇARŞISI
NO. 28 D. 5 34435 TARLABAŞI - BEYOĞLU - İSTANBUL
TEL. 0212 249 02 02
www.fotografevi.com
fotografevi@fotografevi.com

YAYINCI SERTİFİKA NO: 15733
ISBN: 978-9944-720-27-4

1. BASKI / MAYIS 2014

BARİKAT

CHARLES EMIR RICHARDS

GAZ SIKMANIZA GEREK YOK, BİZ ZATEN DUYGUSAL ÇOCUKLARIZ.

You don't have to gas us - we're already sensitive types.

"Uyumak ihanet gibi" yazıyor Twitter'ın trend topic'lerinde bir numarada. Sabaha karşı saat 04:27. Günlerden 31 Mayıs Cuma gecesi. İstanbul'un dört bir semtinde halk ayaklanması var. Bu yaşıma kadar görmediğim bir zaman dilimine giriş yapıyoruz tepetaklak, koştura koştura katılarak. Direnişteyiz. Direnişimizin sembolü ve önderi yarım asırlık ağaçlar. Sarılmışız, kah bedenimizle kah vekilimizle onların gövdesine. Bırakmayacağız. Dergi çizerlerini kıskandıracak esprili ve çok zeki bir dil tutturmuşuz, duvarlara her baktığımızda hepimiz gülümsüyor, kahkahalar atıyoruz. Her bir duvar yazısıyla yan yana gaz yediğimiz bir kardeşimize daha sarılıyoruz adeta. Duvarlardaki yazılamalar gaz ertesi nefes gibi. Sevgi limitleri yok artık. Sevgi, nezaket, saygı, eşitlik, özgürlük ve dayanışma her birimizin bir diğer adı olmuş. Şiddet dışı eylemlerle hak ve özgürlükler hareketinde şarkılar söyleyerek koşuyoruz ön cephelere.

Uyku ya bir park bankında, ya bir yırtık çadırda, barikatın arkasında ya da metro koltuğunda yakalıyor birkaç dakikalığına. Özgürlükleri gerçekleştirmenin en yaratıcı ve en güzel yolunu bulmuşuz, uyku ne ayol diyor biri diğerinin kulağına. Uyanışımızı gerçekleştiriyoruz tam manasıyla. Eşitlikçi ruh ve dayanışma sabah kahvaltımız, yaşam tarzına ve diğer alışkanlıklarımıza, ekolojiye ve kişisel özgürlüklerimize sahip çıkmak çayımız kahvemiz oluyor direniş esnasında. Ekonomik eşitsizliklerin giderilmesi, etnik ve kültürel haklara sahip çıkmak, daha adil bir toplum ihtiyacı için ayaklanmak bir akide şekerinden daha tatlı bir Haziran gecesinde.

Doğaya ve kimliklere saygı sağlamak için en önde kızlar, erkekler, yaşlılar, işçiler, işsizler, sokak çocukları, doktorlar, budistler, ateistler, lazlar, ermeniler bayraksız ve flamasız örgütsüz gücün temelini atıyor. Barikatın en önünden en arkasına, revirden devrim markete bir kardeşlik örgütü kuruluyor ismi havadaki bulutlarda yazılı. Ağaçlar gelen gidenden memnun. Sahi böyle bir kalabalık ne görmüşler, ne de hissetmişler. Her gün birileri onlara sarılıyor. Gündüz Vassaf nasıl Mostar Köprüsü'nin bekçisi olup bir Mostari olduysa, her yaştan ve kesimden Gezi Parkı çocukları da park bekçisi artık. Nöbet tutuyoruz. Gündüz, gece, günlerce. Bir parkı bırakmamak, Gümüşsuyu'ndan yukarıya biber gazı

Number one on Twitter's trending topics is 'Sleep is betrayal'. It's 4.27 in the morning. The night: Friday, May 31st. There are public uprisings in all corners of the city. We hurry to join in, dive in headfirst, into a slice of time I've never witnessed till this age. We're resisting. The symbols and cause of our resistance: trees half a century old. We've wrapped ourselves around the trunks, body and soul. We won't let go. We've adapted a witty humor that would be envied by cartoonists, we all smile and laugh when we look at walls. Each grafitti brings us closer to the friends we've found ourselves next to in the same gas cloud. Each writing on the wall is like a breath of fresh air the day after the gas. There are no limits to love anymore. Love, kindness, respect, equality, freedom and solidarity, have become our second names. With non-violent protest, we run, singing songs, defending our rights and freedoms.

Sleep comes in brief moments, on a park bench, in a torn tent, behind the barricades, or on a subway seat. We've found the most beautiful and creative way to realize our freedoms - someone comments, 'what is sleep?' to another. We're realizing our awakening, in every sense of the word. Egalitarian spirit and solidarity is our breakfast, owning up to our way of life, ecology and personal freedoms is our coffee and tea during the resistance. Standing up against economic inequality, owning up to ethnic and cultural rights, rising up for a more just society is sweeter than candy on a June night.

In an effort to be respectful of nature and identity, girls are up front, boys, the elderly, workers, the unemployed, street kids, doctors, buddhists , atheists, Laz, Armenians, those without flags or pennants, form the foundation of the organization. From the very front of the barricades to the very back, an organization of fellowship is formed and it's name spelled out on the clouds above. The trees seem pleased with those who come and go. They've never seen or felt such a crowd. Everyday, someone hugs them. Just as Gunduz Vassaf became a Mostari by guarding the Mostar Bridge, many from all walks of life have become the guardians of Gezi Park. We're keeping watch.

gelirken, Gezi Parkı'nda merdivenlerde otururken hiç kıpırdamadan sadece boynundaki maskeyi yüzüne çekmen demek. Korkmuyor da değiliz. Dizlerimiz titriyor kimi zaman. Birbirimizin gözünde o korkuyu görsek bile aynı anda ondan daha güçlü bir başka hissi görüyoruz. Bir aradayız. Bir arada korkup bir arada sahip çıkacağız özgürlüklere. Gitmeyeceğiz. Gece evine döndüysen sabah yüzünü yıkayıp ilk iş parka koşman demek bu. Günlerce oradan ayrılmayıp parkın bedenine sımsıkı sarılarak koruman demek.

Bunca yıl Asya'nın o kadim karakterlerinden okuduğun, şarkı sözlerinde aradığın, filmlerde bir karesine esir düştüğün "bir olma" hadisesi gel bakalım benim esas anlamım burada bakalım nidasıyla dikliyor önünde. Bir olmak ne demekmiş gerçek anlamını sana Gezi Parkı eylemleriyle gösteriyor. Ne Myanmar'ın tapınakları, ne Sri Lanka'nın cangılları sana bir olmak ne demekmiş bu kadar açık bir şekilde gösteremezdi. Uyanıştasın ve yalnız da değilsin. Gözünü uykudan kaldırdığın 1 Haziran Cumartesi sabahı Taksim ve Gezi Parkı eylemcilerin eline geçmiş, polis çekilmiş. İstanbul en güzel halini yaşıyor. Bu cumartesi sabahında herkes kendi meşrebince bu özgürlük bayramını kutlamak için sarmaş dolaş olmuş. Apo bayrağı ve Atatürk bayraklarının arasına LGBT'nin gökkuşağı bayrağı girmiş. Birileri halay çekiyor, hippiler ve yuppiler kolkola girmiş hayatlarında ilk defa duydukları sol tandanslı şarkıları dinliyor. Taraftar, anarşist, sosyalist, antikapitalist, ülkücü, ulusalcı, velev ki ibneler, öğrenciler, teyzeler, amcalar, kediler, köpekler, ağaçlar ve kuşlar İstanbul'un tanık olmadığı bir bayrama imza atıyor. Birlikteliğin en güzel tanımı yaşanıyor kendiliğinden.

Herkes gönül ve vicdan sesine kulak verip geldi buraya. İnsan eksenli değil para eksenli kentsel dönüşüme karşı çıktığı için, nefes alma özgürlüğüne sahip çıkmak için orada. Evde yiyemediğini yiyen, ayağına giyemediği ayakkabıyı parkta bulup giyen oldu. Vicdan direnişiydi ne de olsa Haziran 2013. Bir gülüyor, bir ağlıyorduk. Çünkü kardeşlerimizi kaybetmiştik. Birer birer, uyandığımız her gün birinin gözü çıkıyor, biri devrim şehidi oluyordu. Ağlıyorduk biz de. Kayıplar bizi üzüp, öfkelendiriyordu. Öfkemize yine de gülümseyerek, meydanda kardeşlerimiz için mum dikerek sahip çıkıyorduk. Sessizce, usul usul. Barış buydu çünkü. Gözlerimiz artık açıktı ve ifade özgürlüğümüz evren kadar sınırsızdı. Dikmen gece dayak yiyip uyumuyorsa İstanbul'da gözümüze uyku girmiyordu. Ankara'nın görmediğimiz bir semtindeki Taksim'e gider tabelasının altında sadece Ankara yoktu. Hepimiz oradaydık o sırada.

Day and night, for days. Not abandoning means staying put on the steps of Gezi Park and putting on your gas mask when wafts of pepper spray make their way up from Gumussuyu. It's not that we are not afraid. Sometimes our knees tremble. And even if we see fear in each other's eyes, we somehow feel a strength that triumphs over it. We're together. We'll fear and take ownership of our freedoms together. We won't leave. It means, even if you've returned home at night, washing your face and heading out to the park once again. It means not leaving for days and holding on to the body of the park with all your might.

Suddenly, you're confronted with that feeling of 'unity' that you've looked for all these years, in ancient stories, in song lyrics, or in a single frame of a film. It hits you with its true meaning with the Gezi Park protests. Not Myanmar's temples, nor Sri Lanka's jungles could have shown you this clearly what it means to be united. You are experiencing an awakening and you're not alone. When you woke from your sleep on the morning of Saturday June 1st, Taksim and Gezi Park were taken over by the protestors and the police receded. Istanbul is experiencing it's most beautiful moment. This Saturday morning, everyone has gathered, in each others arms, to celebrate this holiday of freedom in their own way. An LGBT flag flies amidst the Ataturk and Apo flags. Some dance; hippies and yuppies sing leftist songs they've never heard of before, arm in arm. Supporters, anarchists, socialists, anti-capitalists, idealists, nationalists, gays, students, aunts, uncles, cats, dogs, trees, and birds, lay claim to a festival Istanbul has never seen before. The most beautiful definition of togetherness is felt, in its most natural way.

Everyone is here because they listened to their hearts and their conscience. They're here because they're against a money driven urban transformation, but because they want to protect their right to breathe. There were those who ate food they never had at home, wore the shoes they never wore at home. June 2013 was a resistance of conscience after all. We were at once laughing and crying. Because we had lost our sisters and brothers. Everyday we woke, someone else had lost an eye or a life to the revolution. And so we cried. Our losses would sadden and anger us. But we still smiled at our anger and lit candles for our siblings. Quietly, gently. Because that is what peace is. Our eyes had opened and our freedom of expression was as vast as the universe. When we saw signs in an unknown town in Ankara claiming 'To Taksim', it wasn't just Ankara that lay beneath that sign. We were all there.

Bir kez olsun biber gazından kaçarken birinin ayağına basacak olsak dönüp pardon demeyi unutmadık. Zaten kaçmıyorduk da, Sakin! Sakin! ilerliyorduk, daha ileriye geri dönene kadar. Talcid Man'ler vardı bir bilimkurgu filminden çıkıp gelen. O hiç tanımadığın kardeşinin yüzünü gözünü yıkaması sevgilinin sarılması gibiydi. Her sokak başında Toma'dan suyu, polisten biber gazını yiyen sevgilinin dudağında iyileşiyordu öpüşerek, sarılarak. Romantikdi de bizim direnişimiz. Bir gün toz maskesiyle yetiniyor, bir gün sonra profesyonel gaz maskesiyle çıkıyorduk parka. Baretler, deniz gözlükleri, poşu, gaz maskesi yeni uzuvlarımız oldu. Bazı direnişçi kızlar çok güzeldi ve Gezi Parkı eyleminin belirleyici unsuru da kadınların sokakta en önde olmasıydı. Gazdan bayılan Fenerbahçe taraftarına Galatasaylı eylemden arkadaşı "Daha bizi yenecekseniz, dayan kardeşim" diyordu. Mutluluktan ve bir olmaktan da dolayı gözlerimiz doluyordu. O gün parka müdahale yoksa biz binlerce soruyu muhatabına sosyal medya üzerinden soruyorduk. Birisinin Roboski'de vur emrini kim verdi? demesi yeterliydi, milyonlarca tweet geliyordu hesap soran.

Not once did we forget to turn around and apologize if we accidentally stepped on someone's foot while fleeing the pepper gas. We weren't really running away. We Calmly! Calmly! progressed forward, until we turned around again. There were Talcid Men, straight out of a science fiction film. Rinsing out the eyes of a stranger was like lovers' embrace. On every street corner those that got hit by Toma's water cannons or police gas got saved by their lovers' embrace. Our resistance was romantic, too. One day we'd make do with a dust mask, and another day, we'd come out with professional gas masks. Helmets, swimming goggles, bandanas, and gas masks became extensions of our bodies. Some girls in the resistance were beautiful and one of the most significant elements of the resistance was how women were on the forefront of the protests. A fan of Fenerbahce who had fainted from the gas was being urged to 'hold on, you have yet to beat us' by his friend, a Galatasaray fan. Tears welled up in our eyes from happiness and togetherness. If there was no intervention at the park that day, we kept up our questioning eachother through social media. It was enough if someone asked who gave the order for the Roboski strike? And millions of tweets flooded their account.

Parkta tanıştığımız beş gündür orada yatıp kalkan işçi gidip para kazanayım al çadırım senin olsun kardeş derken, biraz ileriden ses duyuluyordu beş çayı çıktı, kurabiye de var, gel kardeşim diye. Para da neydi? Herkesin karnı doyacak kadar yemek, susuzluğunu giderebileceği envai çeşit içeçek, üzerine kıvrılabileceği mat, kafasını fişekten koruyabileceği baret vardı marketimizde. Gencecik çocuklar sedyeler üzerinde taşıdığı yaralının başında nöbet tutuyordu. Revirin ihtiyaçları her saat başı yenilenmek durumunda kalınca İstanbul'un kimi eczaneleri depolarından kutu kutu malzemeyle yardıma koştu.

Biz özgürlük cumhuriyeti kurmuştuk kurtarılmış bölgemizde. Hayal etmeye kalksan en ince ayrıntısına kadar zor olurdu belki ama, kendiliğinden herşey hayata geçti hiç takılı kalmadan. Hayal gücümüz ne orantısızmış meğerse. Gözünü değdirdiğin her nokta bir sevgi, vicdan, emek, ironi, espri ürünüydü. Hepimiz elfler gibiydik adeta; polis barikatlarını dilek ağacına çeviriyorduk. "7 gün oldu hala yoksun Gandalf" yazılamasının gölgesinde Türkiye için biber gazı vaktini bekliyorduk usul usul. İşten çıkan kravatını cebine sokmadan evvel "Ulan hayatımız Fight Club gibi oldu, gündüz mesai akşam park" diyerek Toma'ya koşuyordu pembe dozerin yanından geçerek. Ömrü hayatımızda böyle bir kalabalık görmemiştik.

İçinde türlü tiyatro, opera, bale, film seyrettiğimiz AKM ön cephesindeki flamalarla direnişin sahnesi oldu. Gölgesinde namaz kılan Antikapitalist Müslümanların etrafında belki de ateistler elele zincir kurup onları korudu. Hadi yine gözlerin dolsun. Hisler baş döndürücü bir halde yükselişteydi direniş süresince. Meğer direnmek ne kadar güzelmiş diyorduk birbirimize. Şaşkınlık, heyecan, mutluluk zihnimizi açıyordu.

İnsan unutmamak için hep anlatmak istiyor. Biz hayatımızın en güzel günlerini yaşadık. Meğerse bugüne kadar olan yaşanmışlıkların hepsi bugünleri görebilmemiz içinmiş. Kendimizi hiç bu kadar şanslı, umutlu, doğru yerde doğru zamanda hissetmemiştik. Şimdi geleceğe her gün üzerimize çöken karanlığa rağmen daha umutla bakabiliyoruz. Gezi Parkı direnişinde yaşananlar gelecek aydınlığın ilk göz kamaştıran ışığı oldu. İstedik ki Charles Richards'ın günler boyunca uyumadan çektiği direniş altı kareleri bu ışığı hiçbirimize asla unutturmasın. Gözümüz yine kamaşsın. Artık aydınlıktayız...

Ece Esmer
Eylül 2013
İstanbul

As a worker we met who had been sleeping there for five days offered us his tent in order to go out and earn some money, we would hear call to tea time, offering cookies. What good was money? At our market, there was plenty of food for everyone to eat, drinks to quench everyone's thirst, mats to curl up on and helmets to protect our heads from shells. Young kids held watch over the wounded on stretchers. When makeshift infirmaries needed their supplies replenished every hour, Istanbul's many pharmacies rushed over with boxes of supplies.

We had set up a republic of freedom in our corner of salvaged land. It may have been impossible to conceive in such detail, but somehow it all came together without a blemish. How disproportionate our imagination must have been! Any one point you laid your gaze upon a product of love, conscience, labor, irony, and humor. We were all as elves; turning police barricades into wishing trees. While we wrote 'it's been 7 days, where are you Gandalf', we were silently awaiting the return of gas. Those leaving work, took off their ties and marveled at their predicament 'Our lives have become Fight Club, at the office during the day, at the park at night' and ran to the Toma's, past the pink bulldozer. We had never seen such a crowd in all of our lives.

The AKM building where we had attended many plays, operas, ballets, and films, became a backdrop to the many flags of the resistance. Atheists formed human chains to protect the anti-capitalist muslims who prayed in the shade of the building. Enough to make your eyes tear up. Emotions ran at an all time high during the resistance. We kept telling each other, how nice it is to resist. Wonder, excitement, and happiness broadened our minds.

We feel the need to tell these stories in order not to forget. We lived some of the most beautiful days of our lives. It turns out, everything we had lived until now was so that we could live this day. We had never before felt more lucky, full of hope, and in the right place at the right time. Now we look to the future with more hope, despite the darkness that befalls us everyday. What we experienced at Gezi Park was the first light of our future enlightenment. We wish the images captured by Charles Richards, day in and day out, without sleep, will remind us of that light. May our eyes be dazzled once again.
We are illuminated....

Ece Esmer
September 2013
Istanbul

BERKİN ELVAN

ABDULLAH CÖMERT

MEDENİ YILDIRIM

MEHMET AYVALITAŞ

Barikat için yazıları yazmaya başlasığımda ve bitirdiğimde Berkin Elvan bir sırça köprü üzerindeydi Okmeydanı Sosyal Sigortalar Hastanesi'nde. Haziran ayından itibaren 269 gün boyunca uyanmasını bekledik. Umut içinde. Bir sabah gözümüzü açıp Twitter'a baktığımızda uyandığı haberini alsaydık dünyalar bizim olacaktı. Olamadı. Bu dünyadan 15 yaşında bir çocuğu 16 kilo uğurlamak zorunda kaldık. "Anne, sen polisten kaçamazsın, sen çıkma ben gidip ekmek alırım" demişti, dönemedi. Bir kişi daha eksildik biz. Babası Sami Elvan'ın Enver Aysever'in programında dediği gibi Berkin hepimizin çocuğu ve biz evlat acısı yaşamak zorunda bırakıldık. Sami Elvan'ın metaneti bize babalık yaptı çocuğumuzu kaybettiğimiz gün...

Abdullah Cömert, Medeni Yıldırım, Ahmet Atakan, Mehmet Ayvalıtaş da tıpkı Berkin gibi bir sabah evden çıkıp geri dönemedi. Ethem'in ağbisi Mustafa Sarısülük ve Ali İsmail'in ağbisi Gürkan Korkmaz'a ulaştıktan sonra diğer aileler ile de görüşmek istedim. Evlatlarını yeni kaybeden aileler ortak bir açıklama yaptı.

"Biz bir araya geldiğimizde gördük ki, hepsi birbiri kadar iyi kalpli, iyi niyetli, barışçıl ve iyi bir dünyada yaşamayı düşleyen gençler, artık yoklar. Umarız istediklerini biz geride kalanlar gerçekleştirebiliriz."

Bugün Mehmet, Abdocan, Ethem, Medeni, Ali İsmail, Ahmet ve Berkin bizlerin ayrılmaz bir parçası oldu, onlarla hiç karşılaşamadan çok yakınlaştık, iç içe geçtik. Mücadeleye devam edeceğiz, sözümüz var gençlere...

When I started writing for 'Barikat', and when I finished it, Berkin Elvan was on a bridge of glass. We waited for him to wake up from the Okmeydanı Sosyal Sigortalar Hospital for 269 days since June. In hope. The worlds would have been ours if we woke up one morning and got the news from twitter that he had woken up. We didn't. We were forced to see off this world a 15 year old boy at 16 kilos. "Mom, you can't run from the police, you stay in, I'll go get bread" he said, he never returned. We were one less. As his father Sami Elvan said on Enver Aysever's program, Berkin was everyone's child and with him we had come to feel the pain of losing a child. Sami Elvan was a steady father for us all the day we lost our child...

Just like Berkin, Abdullah Cömert, Medeni Yıldırım, Ahmet Atakan, and Mehmet Ayvalıtaş left home one morning and never returned. After contacting Ethem's brother Mustafa Sarısülük and Ali İsmail's brother Gürkan Korkmaz I wanted to contact the other families. The families that had just lost their children prepared a joint statement.

"When we got together we saw that they were all as good hearted as the other, with good intentions, peaceful youths that dreamed of living in a better world. They are gone, we hope that we, those that are left behind, can make what they wanted come true."

Today Mehmet, Abdocan, Ethem, Medeni, Ali İsmail, Ahmet and Berkin have become inseparable parts of us, without ever meeting them, we folded into each other. We are going to continue the struggle, we have a promise to keep...

ETHEM SARISÜLÜK

ETHEM SARISÜLÜK

Mustafa ve Çiğdem Sarısülük ile Ali İsmail'in kırkının yapıldığı Antakya'dan İzmir'deki Can Yücel Direniş Ormanı'na yaptıkları yolculuk sırasında konuşuyorum iki defa. Ali İsmail'in abisi Gürkan Korkmaz ile de konuşurken aynı mahçubiyet içerisindeyim. "Biz kardeşlerimizi koruyamadık bu zulümden" hissi terk etmiyor bizleri. Başım önümde bedenen ve ruhen. İkisi de gözlerimizin önünde katledildi. Savaşları televizyondan izleyen bir kuşaktık, sıra direnişlerde ölen kardeşlerimizin katledilmelerini seyretmeye geldi ne yazık ki. Dakika dakika izledik, geri sardık, yeni görüntü gelince gerçeği görmek adına ne kadar zor olursa olsun baktık. Anneleri görmesin diye göz yaşı döktük ama ağbilerinin sesini duyunca onları üzmemek adına yutkunduk göz yaşlarımızı. Onlar bir yandan anne ve babalarına destek olmaya, bir yandan da adaletin yerini bulmasına çalışıyor. Yorgunlar, kırgınlar. Yanlarında bizlerle beraber haklarını aramaya çalışıyorlar.

Medeni, Mehmet, Abdocan, Ethem ve Ali İsmail Haziran Direnişi'nde kaybettiğimiz kardeşlerimiz. Sosyal medyada, basında, arkadaş sohbetlerinde hepsi yaşam mücadelesini kazansın diye dua da ettik, rakı kadehimizi de kaldırdık hatıralarına. Tanımıyorduk onları ama bu ağlamamıza engel değildi. İstedik ki onları yakından tanıyalım. Roger Waters konserinde Ali İsmail'in Pink Floyd tişörtü giymiş fotoğrafını Abdocan'ın ağbisi Zafer Cömert paylaşınca bu isteğimiz daha da arttı. Bağrımıza beş kardeş bastık o zaman kardeşlerimizi daha yakından tanımalıyız dedik.

Bugün daha iyi tanıma fırsatı bulduğumuz, gözümüzün önünde bir polis kurşunuyla başından vurularak öldürülen 26 yaşındaki Ethem Sarısülük'ü ağbisi Mustafa Sarısülük anlattı...

Ethem Sarısülük kimdi, ne istiyordu hayattan, sevinçleri, hüzünleri neydi, neden Haziran direnişinde en öndeydi ve Ankara'daki eylemleri neden örgütleyen ve halkı sokaklara çağırandı?

Ethem'in çocukluğu yoksulluk ve acı dramlarla geçti. Babamız bu hayattan ve toplumdan kendini soyutlayınca, annem Ethem ve diğer kardeşlerimi alarak 22 yıl önce Ankara'ya dayımların yanına yerleşmek zorunda kalmıştı. Daha sonra iki odalı küçük bir gecekondu yaptık. İmkânsızlıktan diğer oda, mutfak ve tuvaleti olmayan dışı sıvasız iç zemini toprak olan şirin bir gece konduydu. Annem yıllarca temizlik firmalarında çalışarak çocuklarını büyütmeye çalıştı. Kardeşim Ethem bizler gibi acı dolu bir çocukluk yaşadı.

İlkokul yılları onun çabucak olgunlaşmasını sağladı. Ankara'nın varoşlarında yaşayan diğer çocuklar gibi hemen hayata atıldı. Malum, aile yoksul ve aç. İşte Ethem hayatı sorgulamaya, onu anlamaya, o zaman başlamıştı. Bu hayatın neden böyle olduğunu, neden çocukların aç kaldığını, dünyada bu kadar yoksulun olduğunu, devletin ve egemenlerin vahşiliğini işte o zamanlardan sormaya başladı.

I speak for the first time during the prayer walk for Ali Ismail held by Mustafa and Cigdem Sarisuluk through the Can Yucel Resistance Forest stretching from Antakya to Izmir. I feel the same sense of embarrassment speaking with Ali Ismail's brother, Gurkan Korkmaz. "We can't shake the feeling of 'we couldn't protect our brothers from cruelty'. My head's down, both in body and spirit. Both were slain in front of our eyes. We had been a generation who watched war on our televisions, now unfortunately, it was time to watch our brothers' demise. We watched, minute to minute; we watched despite the pain, so that we may see some truth. We wanted to cry knowing their mothers were watching, but we held back our tears so as not upset their brothers. They are at once trying to console their mothers and fathers, and seek justice. They are tired and hurt. Next to them, they try to seek their rights with us.

Mehmet, Abdocan, Ethem, and Ali Ismail are brothers we lost in the June uprising. On social media, in the press, with our friends, we prayed that they would win their fight for life, toasted to their memories. We didn't know them, but that didn't prevent us from shedding tears. We wished to have known them. That desire grew stronger at the Roger Waters concert, when Abdocan's brother posted a picture of Ali Ismail with a Pink Floyd t-shirt on. We swore to know our brothers better from that moment on.

If we only had the chance to know them better today... As told by Mustafa Sarisuluk, the brother of Ethem who, at 26, was shot in the head by the police....

Who was Ethem Sarisuluk, what did he want from life, what were his pleasures, his pains, why was he upfront during the June protest, and why was he the one who organized and urged the public to the streets during the Ankara protests?

Ethem's childhood was marked by poverty and pain. When our father decided to remove himself from life and society, our mother took Ethem and our other siblings back to our uncle's home in Ankara, now, 22 years ago. We then built a small, two bedroom shanty house. It was a cute house with one room, no kitchen or bathroom, no plaster on the outside and soil for floors. Our mother raised us, working for cleaning companies for years. My brother Ethem lived a bitter childhood, like the rest of us.

Elementary school forced him to grow up quickly. Like other children living in Ankara's slums, he began working early. After all, the family was poor and hungry. It was then that he began questioning why life was this way, why children were going hungry, why there were so many poor in the world, and the brutality of the government and the sovereignty.

Ortaokul yıllarında pazarlarda su satarak, hurda satarak, kendi harçlığını çıkarmaya başladı. Arkadaşlarının bisikleti olduğunu söyler ve kendisinde de bir tane olmasını isterdi. Ona ilk bisikleti aldığımda hemen arkadaşlarının yanına fırladı ve mahallede bisikleti olmayan çocuklarla binmeye başladı. Tabii biraz da haylazlık sonucu hemen bisikleti parçaladı. O gün çok üzülmüştü. O zaman elindeki bisikletin sorumluluğunu anlamıştı. Ve sonraları hayata sorumlu bir insan olarak baktı. Dersleri çok iyiydi. Ders kitapları olmamasına rağmen başarılı bir çocuktu. Lise yıllarına geldiğinde, yoksulluk iyice artmış ve okula olan ilgisi azalmıştı, artık hayatın zorlu ve meşakkatli yollarına girme zamanıydı.

Çocukluktan beri haksızlıklara karşı olağanca gücüyle karşı dururdu. Haksızlıklara karşı dirençli olması ve ülkede ki adaletsizlik, faili meçhuller, yoksulluk, açlık, savaşlar onu devrimci hayata yaklaştırdı.

İlk eylemi okulda olmuştu ve parasız eğitim eylemlerine katılmıştı. Bir eylem sonrası sivil polis Ethem'e ve arkadaşlarına küfür ve hakaret ediyor, o sırada Ethem hemen sivil polisin üzerine yürüyor ve arkadaşlarıyla birlikte sivil polisle itişiyorlar. Ethem'e o akşam neden yaptığını sorduğumda polisin kendilerine ağır derecede küfürler ettiğini ve bunu hazmedemediğini söyledi. Onun için 'bizleri aşağılamaya hakkı yok' demişti. Sonra ilk gözaltısını yaşadı. Yaşı ufak olduğundan sadece tokatlayarak onu diğer arkadaşlarının üzerine ifade vermesi noktasında zorlamışlardı.

Aslında Ethem bu ülkede hayatın ta kendisiydi. Sonraları aileye katkı amaçlı çalışmaya başladı. En ağır işlerde çalıştı. Sırasıyla garsonluk, hamallık, inşaatçılık, seyyar satıcılık ve son olarak da sanayide çelik yapı işleriyle uğraştı. Belki de hayattan en zevk aldığı şey çalışırken müzik dinlemekti. Özgün müzik, halk müziği ve Kürtçe en sevdikleri arasındaydı. Onu diğer insanlardan ayıran en belirgin yanı çok paylaşımcı olmasıydı, neyi var neyi yoksa insanlarla karşılık beklemeden paylaşırdı. Tanıdığı bütün insanların yardımına koşardı. Asla benciliği ve egosu olmazdı kendine dair bir hayatı benimsemezdi çünkü kendisi gibi olan milyonlarca insanın acısını yüreğinde hissederdi. İş yerinde arkadaşları fazla yorulmasın diye onlarını işine de sarılırdı. En ağır ve riskli işleri o yapardı.

Onun aslında özetleyeceğimiz en önemli özelliği hümanist bir kişiliği olması idi. Hayatı doğru anlamak ve bilgiyi öğrenmek için çok kitap okurdu. Politika ve siyaset onun temel konularıydı. Belgesel, roman, araştırma ve inceleme kitaplarını da çok okurdu. Her bulduğu boşluğu kitap okuyarak ve araştırarak değerlendirirdi, çünkü o bir devrimciydi, hayata yabancı kalamazdı. Kendini toplumun sorunlarından ayrı düşünemezdi. Çok çalışkan ve fedakâr bir kişiliği vardı, öyle ki beraber çalıştığımız zamanlarda asla benim yorulmamı, diğer arkadaşların yorulmasını istemez, bütün işlere o koşardı.

During middle school, he managed to earn pocket money selling water and scrap at the market. He would say his friends had bikes and that he would like one too. When I got him a bike, he immediately went out to meet his friends and ride his bike with other kids who didn't have bikes. But of course he quickly broke the bike rough housing around. He was very sad that day. That was when he understood the responsibility of the bike he possessed. From that day on, he approached life as a responsible person. His grades were very good. Despite not having text books, he was a very successful kid. But by the time high school came around, our level of poverty had risen and his interest in school diminished, it was time to enter the grueling road of life.

Since he was a child, he fought against injustice. His intolerance for unfairness and the country's unjustness, corruption, level of poverty, hunger, and war, pushed him towards a revolutionary life.

His first protest was in school and he had joined protests for free education... After one protest, an undercover cop insults and curses Ethem and his friends, Ethem immediately stood up to him and him and his friends got into a scuffle with the cop. When I asked him why he did so later that night, Ethem told me that he just couldn't get over the cop's heavy insults. He said, 'he didn't have the right to belittle us'. After that, he was taken into custody for the first time. Because he was a minor, they just slapped him around and forced him to give statements against his friends.

In fact, Ethem was the embodiment of life in this country. Later, he started working to contribute to his family. He worked hard jobs. He was a waiter, a porter, in construction, a street trader, and finally worked in industrial steel. Perhaps his greatest pleasure in life was listening to music while working. Original music, folk music and Kurdish songs were among his favorites. What distinguished him from other people was his generosity, whatever he had, he shared with others without expecting anything in return. He would happily rush to the aid of anyone he knew. He was never selfish or egoistic; he felt the pain of all others like himself. At work, he would take on his friends' tasks so that they wouldn't get tired. He would take on the hardest and riskiest tasks.

In fact, his most important trait to highlight was his humanist personality. He would read a lot of books in order to understand life and gain knowledge. Politics and diplomacy were his core subjects. He would watch documentaries and read novels, research and analyze books. He would spend every free moment reading and researching, because he was a revolutionary, he could not afford to remain a stranger to life. He couldn't think of himself apart from society's problems. He had a studious and altruistic personality, so much so that whenever we worked together, he would attend to all the tasks because he wouldn't want his friends and I to tire.

Çay içmeye bayılırdı arkadaşlarıyla. Sık sık hüzünlü ortamlarda kafa çekmeye giderdi. Umutsuz değildi hiçbir zaman. İnsanların birlikte bir araya gelerek açlığın, yoksulluğun, zulmün ve sömürünün ortadan kalkacağına inanırdı. Yüreği halk sevgisi dolu bir çocuktu, yaşamı uğruna ölecek kadar seven bir kişiydi, zaten devrimciler kalleş bir ölümle her zaman sözlüdür bu ülkede ve dünyada. Her zaman bunun farkında idi. Öğrenci olmamasına rağmen öğrenci eylemlerine destek olurdu, sendikalı olmamasına rağmen sendikal hareketin mücadelesine omuz verirdi. Nerede bir ezilen, hor görülen, aşağılanan ve haksızlığa uğrayan varsa Ethem orada idi.

İşte Ethem bu bilinçle egemenlerin bu otoriter saltanatının Gezi Parkı'na saldırmasına bir tepki olarak ve polis terörüne karşı milyonlarla birlikte, yani ait olduğu ve kendini özgür hissettiği sokaklarda yerini aldı. Ankara'da eylemleri ilk örgütleyen, Kuğulu Park'ta insanları eyleme çağıran, Kızılay'da insanları eyleme çağıran kitlenin en önündeydi Ethem. Çünkü Ethem halktı. Halkı küçümseyen, onu yok sayan, onun yaşam alanlarına müdahale eden ve onu aşağılayan egemenlere karşı onurlu bir duruş sergilemesi gerekiyordu. Ve öyle de yaptı.

Polis terörüne karşı barikat oldu, taş oldu, direniş oldu Ethem, yani olması gereken oldu halkını savunmak için. Halkıyla birlikte omuz omuza ait olduğu sokaklardaydı artık. 31 Mayıs'ta sabaha kadar Ankara sokaklarında zulme ve polis şiddetine barikat oldu. Onun kalbi ekmek ve özgürlük için atardı. Ve 1 Haziran günü Kızılay'a ilk girenlerdendi ve polis tarafından katledildi. Çünkü Ethem büyüktü. O, varlığını ve enerjisini halkına adamıştı. Halkının mücadelesi için onurlu şekilde yaşamıştı. Onu anlatmak belki de milyonlarca yoksulu anlatmak, onu ifade etmek işçi sınıfının acılarını ifade etmekti, çünkü o halktı. Çocukluğunu yaşayamadan büyümüştü ve deli dolu bir çocuk olarak sol yanımızda yaşamaya devam edecek. Ve şimdiden nice Ethem barikatlarda hesap sormaya başladı ve bayrak olmak için bir adım öne çıktılar. Ve onun hayatı şiir gibiydi; aşk olsun sana çocuk aşk olsun.

Mustafa Sarısülük
23 Ağustos 2013

He loved drinking tea with his friends. He would frequently get drunk in somber places. He never lacked hope. He believed that it was possible to abolish hunger, poverty, cruelty, and oppression by people getting together. His heart was full of love for his friends, willing to die for his love for life; besides, all revolutionaries are bound for an unfair death, in this country and in the world. He was always aware of that. He would support student protests despite not being a student, union protests despite not being in the union. Wherever there was someone oppressed, abused, belittled, or treated unfairly, Ethem was there.

It was with this awareness that Ethem found himself on the very streets where he belonged and felt free, reacting to the authoritarian reign attacking Gezi Park, to stand with the millions facing police brutality. Ethem was in the forefront of the group that organized the first protests in Ankara, and called people in Kugulu Park and at the Red Crescent to action. Because Ethem was the people. He needed to display a proud resistance against the forces that oppressed, belittled, and intervened in the way of life of the people. And that's what he did.

Ethem became a barricade, he became stone, he became revolution against police violence; he became exactly what he needed to be in order to protect the people. He was on the streets, shoulder to shoulder with the people. He blocked police violence on the streets of Ankara the night of May 31st, until sunrise. His heart beat for freedom. And on June 1st, he was one of the first to arrive at the Red Crescent and he was slaughtered by the police. Because Ethem was majestic. He had dedicated his existence and energy to the people. He had lived proudly for the struggle of the people. To describe him would be to describe the millions of poor, to recount his life would be to recount the pains of all the working class, because Ethem was the people. He had grown up without having lived his childhood, and he shall continue to live on as a lively youth by our side. Even now, many Ethems stand by the barricades, demanding justice, and have come to the forefront as flag bearers. His life was like a poem; 'aşk olsun sana çocuk aşk olsun' He became the people's comrade/companion/consort, as we send him off into the sunset, Ethem has now become the people and has returned to their hearts.

Mustafa Sarısülük
23 August 2013

ALİ İSMAİL KORKMAZ

ALİ İSMAİL KORKMAZ

Ali İsmail Korkmaz 19 yaşında defalarca darp edilerek gözlerimizin önünde katledildi. Komada kaldığı süre boyunca onu katledenler hakkında hiçbir hukuki soruşturma açılmadı, kamera kayıtları silindi, sonra jandarma ve gazeteci İsmail Saymaz sayesinde silinen darp edilme görüntüleri bir bir ortaya çıktı. 19 yaşında bir üniversite öğrencisi öldüresiye dövüldü. Bir tekme atan bir tane daha attı, tekmeler sanki hayali bir düşmana atılırcasına savruldu fütürsuzca genç bir bedenin üzerine.

Telefonla konuştuğumuz gün Gürkan Korkmaz kardeşinin yüzünün portresini koluna yaptıralı henüz birkaç gün olmuş. Annesinin üzüntüsüne destek olabilmek amacıyla neredeyse kendi üzüntüsünü içine gömmüş . Silinen saniyeler ve hukuksuzluk karşısında metaneti elden bırakmıyor. Tek başına da değil, Gezi direnişindeki gibi bir halk onunla her türlü mecra üzerinden hep beraber adaletin yerine gelmesi için uğraşıyoruz. Kitabımızın baskıya gideceği günlerde sanıklar müebbet ceza için yargılanacak.

Gürkan Korkmaz kardeşini anlatıyor, sormak benim için ne kadar zorsa anlatmak da onun için zor, boğazımıza düğümleniyor kelimeler. "Biz Ali'ye ailenin marjinali derdik. Henüz Gezi eylemcilerine marjinal denilmeden evvelki zamanlar. Saçlarını mohikan stili kestirirdi. Sonra canı sıkılır hepsini kazıtır, dazlak yapardı. Fotoğraf çekmeyi ve çektirmeyi çok sevdiğinden kameranın önünde türlü şaklabanlıklar yapan ailemizin çapulcusuydu, şimdi ki yeni tabirle. "Şimdi yapmak gerek bunları, sonra öğretmen olacağım, o zaman yakışık almaz" derdi. Kaykay yapmayı çok severdi, haylazdı biraz. Pink Floyd dendi mi akan sular durur, Pink Floyd tişörtünü üzerinden çıkarmazdı. Haluk Levent konserlerine giderdi. On beş , on altı yaşlarındayken okuldaki arkadaşlarını organize ederek huzur evlerindeki yaşlıları ziyaret etmeye gider, onlarla arkadaşlık kurar, onlara kitap okurdu. Hafta sonları mahallesine çağrı yapar, eski kıyafetleri toplar, sonra köy okullarına giderek onları muhtaç çocuklara giydirirdi. Sürekli olarak nerede, kime, nasıl yardım edebilirim düsturuyla hareket ederdi. 14 yaşında açık kalp ameliyatı geçirmişti, iyileşir iyileşmez yardımlara devam etti. Çocuk Esirgeme'ye de giderdi, mavi kapakları toplayıp engelli vatandaşlar için tekerlekli sandalye de alırdı. Denizi çok sever, gittiği yerde hiç boş durmaz, kumdan heykel yapılıyorsa onu da öğrenir yapardı.

Kuzey adında Golden Retriever cinsi bir köpeği var, şimdi biz bakıyoruz. Fenerbahçe'yi tutardı. V for Vendetta en sevdiği filmdi ve üniversite okurken kaldığı odasında kocaman bir afişini asmıştı. İlham alırdı V for Vendetta'dan. En yakın arkadaşı Emrah ile beraber en sevdikleri filmlerden biri Olağan Şüpheliler idi. Kimbilir kaç defa izlemişlerdir. Metallica da çok severdi. On beş yaşında Avrupa Birliği projesiyle Litvanya ve Romanya'ya gitmiş çalışkan bir çocuktu. En sevdiği ve üzerinden hiç çıkarmadığı iki tişörtü vardı. Biri barış logolu olan, diğeri World Peace yazan. Lise'de grup kurmuştu bir tane. Barış mesajları içeren alıntıları arar bulur ve onları sosyal medya üzerinden bilinç sağlamak için durmadan arkadaşlarıyla paylaşırdı.

Ali Ismail Korkmaz, at 19 years old, was beaten to death in front of our eyes. While he lay in a coma, no investigation was made into those who slay him, camera footage was erased, and later, with the help of the military police and the journalist Ismail Saymaz, that footage resurfaced with images of his beating. A 19 year old university student was beaten to death. Kick after kick, they merrily beat his young body as if striking the enemy.

The day we spoke on the phone, it had only been a few days since Gurkan Korkmaz tattooed the face of his brother onto his arm. It was as if he had buried his sadness in order to support his mother in hers. He remains resilient in the face of erased seconds and injustice. He's not alone; as it was during the Gezi protests, the people are with him, trying to enforce justice through any means we can. The day our book goes to press, the defendants will stand trial for a life-long punishment.

Gurkan Korkmaz describes his brother, it is as difficult for me to ask as it is for him to answer, words get stuck in our throats. "We used to call Ali the marginal one in the family. Even before anyone called Gezi protestors marginal. He would style his hair into a mohawk. Then he'd get bored and shave it all off and go around bald. Because he loved to take pictures and be photographed, he was the clown of the family. He would say "Better do this now, later when I'm a teacher, it would be inappropriate". He loved to skateboard, he was a bit of a rascal. He worshipped Pink Floyd, never took off his Pink Floyd t-shirt. He would go to Haluk Levent concerts. When he was fifteen or sixteen, he would organize his friends to go visit retirement homes and read to the elderly. On the weekends, he would make an announcement to the neighborhood and collect clothes, and then go to village schools and give them away to needy kids. He constantly asked who and how he could help. He had open heart surgery at 14, but as soon as he was healed, he continued his charitable ways. He would visit the orphanages, collect those blue caps to get wheelchairs for the handicapped. He loved the sea, and was never idle, he would do research even to make sand castles.

*He had a golden retriever named North, now we're taking care of him. He was a fan of Fenerbahce. V for Vendetta was his favorite film and he had a giant poster of it up on his dorm room wall. He would be inspired by V for Vendetta. The Usual Suspects was one of his and his best friend Emrah's favorite films. They watched it countless times. He loved Metallica. He was a studious kid who went to Lithuania and Romania with a UN project at fifteen. He had two t-shirts he loved and never took off. One of them had a piece sign, the other with the words 'World Peace'.
He had started a club in high school. He would find quotes about peace and share them with his friends over social media.*

Lisede de aktifti hep Ali İsmail. Toplum için Gençlik adında bir grup kurmuştu. Öyle harıl harıl ders çalışan bir çocuk değildi. Aklı fikri sosyal yardım projelerindeydi. Okuyan, düşünen, aktif bir genç oldu çocukluğundan öldürülene dek.

"Dünya vatanım, tüm insanlar kardeşim ve iyilik yapmak dinimdir..."

İngiliz düşünür Thomas Paine'e ait bu özdeyişi Ali İ smail çok severdi. Bu felsefeyi benimsemişti. Boş zaman buldukça arkadaşlarını toplar, tarihi yerleri görmeye giderlerdi. Kafelerde oturacağıma tarihi yerleri göreyim derdi. Atatürk'ü çok severdi, Hatay'daki odasında bugün hala kocaman Atatürk posteri duvarda duruyor. Odasında da saat dokuzu beş geçede kalmış bir saat...

Gezi Parkı eylemleri sırasında üniversitede sınavları vardı. Nasıl 23 Nisan'larda 29 Ekim'lerde kendi inandıkları için yürüyüşe gidiyorsa, burada da kendi iradesiyle katıldı tüm eylemlere. Bir de müdahaleler evlerinin önüne kadar gelmiş, Eskişehir tepki veriyor diye de sevinmişler kendilerince. Uzak kaldıkları için Hatay ve İstanbul'dan, destek olamıyoruz diye üzülüyormuş içten içe. Ertesi gün gireceği sınav öncesi arkadaşı Fırat ondan bir buçuk saat önce eve dönmüş, Ali İsmail eve gidene kadar geçtiği sokaklarda öldüresiye dövülüyor. 14 yaşında geçirdiği açık kalp ameliyatı nedeniyle kalbini korumak için sol kolunu siper edince sol omzunu kırıyorlar döverek. Sonrası kamera kayıtlarından, Ethem'in vurulma anı gibi, dakika dakika hep beraber izlediklerimiz.

Aramızda yaş farkı vardı ve babam yurt dışında çalıştığı için Ali İsmail'in babası gibiydim. Kardeşimi kaybederek evlat acısı yaşadım. Ama ya Ali İsmail? Yaşama hevesini elinden aldılar kardeşimin, Ali İsmail'in yaşama hevesini kursağında bırakanların da elleri koynunda, muratları gözünde kalsın..."

Ali Ismail was always active in high school. He had started a club called Youth for Community. He was not a kid who buried his face in text books. His mind was always on welfare projects. He had become a literate, thinking, active youth from his childhood until his death. "The world is my country, all mankind are my brethren, and to do good is my religion."

Ali Ismail loved this saying by the English thinker Thomas Paine. He had embraced it as his philosophy. Whenever he found time, he would gather his friends and visit historical sites. He would argue that he'd rather see history than sit around at a cafe. He loved Ataturk, a poster of him still hangs in his room in Hatay. As does a clock frozen at five past nine...

He had final exams during the Gezi park protests. Just as he attended the April 23rd or September 29th gatherings because of his beliefs, he attended the Gezi Park protests out of his own volition. They had even rejoiced that the clashes had stretched to their front door, and that Eskisehir was reacting. Turns out he was saddened to be far from Hatay or Istanbul, not being able to support the cause. The next day, his friend Firat returned home an hour and a half early ahead of his exam, as Ali Ismail was brutally beaten before he could make it back home. He fended them off with his left hand to shield his heart - which he had surgery on when he was fourteen - and they broke his left shoulder in response. We watch the rest on tape, just like the moment Ethem was shot, minute by minute.

Because of our age difference and because our father worked out of the country, I had become a surrogate father to Ali Ismail. When I lost my brother, I lost a child. But what about Ali Ismail? They stole the joy of life of my brother, for those that stole this from him, shame on you..."

BARİKAT

NEDEN SOKAKTAYIZ?
WHY WE ARE ON THE STREETS?

Akın akın geliyor herkes. Kimi beyaz gömleği ve gevşettiği kravatıyla koşar adım yürüyor, kimi Boğaz Köprüsü'nün üzerinden yürüyerek Avrupa yakasına geçiyor. Başka illerden otobüslerle gelenler, mahallesinden kilometrelerce yürüyerek Taksim'e varanlar var. Sokaktayız. İçeri girmeye hiç niyetimiz yok. Bir ömür boyunca üzerinde nefes aldığımız ve vatan dediğimiz toprak parçasında özgür olmak istiyoruz. Binlerce yıllık kültürel miraslarımızı çocuklarımıza bırakabilmek, bir ağaç altında yaşlı bacaklarımızı uzatabilmek, bir metro durağında sevgilinin dudaklarında kaybolabilmek, sokaktan yürüyerek girilerek bir sinema salonunda başka bir hayata kapılmak, canımız çektiği kadar çocuk yapmak ya da hiç yapmayıp dünyanın dört bir köşesindeki dağlara tırmanmak istiyoruz. Azar işitmekten de oldum olası hiç haz etmemişiz.

Özgürlüğüne sahip çıkmanın tadını bir kez almışız, o tadı biber gazı bile bozamıyorsa ve sahip olmanın en güzel tanımını özgürlükte bulduysak;

n e m u t l u d i r e n i ş ç i y i m d i y e n e .

People arrive in waves. Some walk hurriedly in white shirts, loosening their ties as they go, others cross the Bosphorous bridge to the European side on foot. Others arrive by bus, others arrive in Taksim having walked miles from their neighborhoods. We're on the streets. We have no intention of going home. We long to feel free on the very land that we have called our nation, where we have breathed our entire lives. We want to pass down our centuries old heritage to our children, stretch out our legs out under a tree, get lost in the embrace of a lover at the subway stop, to walk into a movie theater and get lost in another life, to bear as many children as we feel like or have none at all and climb mountains on all corners of the earth. We've never taken pleasure from being scolded.

Not even pepper gas can ruin the a taste we've gotten for owning our freedoms and if we have discovered the most beautiful definition of that ownership in freedom itself; how lucky we are to call ourselves demonstraters.

NEDEN?
WHY?

HYATT
POLIS
POLIS
POLIS
POLIS
POLIS
POLIS

KUVEYTTÜRK

R NEDIM

NEDERLAND

LEZZETIN
MIDIR!
63514

ADEM PERUK
avea

#DİREN
TAYYİP
O.Ç TAYYİP

155
POLİS
İMDAT
1550
MESAJ
HATTI
www.iem.gov.tr

POLİS
SDP

Taleplerimiz
ODEON
TOURS
PRONTOTOUR
THY
vila
HydroPeptide
KİRALIK
LİSANS
VIP SERVICE
EXPORT + IMPORT
RENT A CAR

TURKCELL

POLİS

ÖDP

POLİS

POLİS
POLİS
39543
POLİS
39545
E
Kiki

Vale
7/24
POLIS
BEŞİKTAŞ BELEDİYESİ
TEMİZ BİR
ÇEVRE İÇİN
EL ELE

POLIS